Dieses Buch gehört

Liebe Eltern,

wir wollen Ihr Kind beim Lesenlernen unterstützen, und zwar mit spannenden und lustigen Geschichten.

Unsere Bücher mit der liebenswerten Bildermaus begleiten Ihr Kind durch die Vorschule. Sie enthalten kurze Geschichten mit einfachen Sätzen sowie großer und leicht lesbarer Schrift. Hauptwörter werden durch kleine Bilder ersetzt. Lesen Sie die Geschichten vor und lassen Sie Ihr Kind die Bilder selbst benennen. Am Ende finden Sie eine Bild-Wörterliste mit den einzelnen Bedeutungen. Viele bunte Illustrationen sorgen außerdem für Lesepausen und helfen, die Geschichte zu verstehen.

So wird der Spaß am Lesen geweckt, und Ihr Kind wird ganz nebenbei von der Bildermaus zum echten Leselöwen!

Ihre

Bildermaus

Pippa Young

Willkommen auf Ponyhof Apfelblüte

Illustriert von Isabelle Göntgen

Ihre Meinung zählt!

Nehmen Sie jetzt an einer kurzen Elternbefragung
des Loewe Verlags teil und beeinflussen Sie
die zukünftige Entwicklung unserer Kinderbücher:

www.elternbefragung.online

Unser Kinderbuch-Newsletter bietet alle Infos zu Neuerscheinungen und
tollen Veranstaltungen, exklusive Gewinnspiele und vieles mehr!

Jetzt kostenlos abonnieren: www.loewe-verlag.de

FSC
www.fsc.org
MIX
Papier aus ver-
antwortungsvollen
Quellen
FSC® C109273

Klimaneutral
Druckprodukt
ClimatePartner.com/18521-2202-1001

ISBN 978-3-7432-1194-0
1. Auflage 2022
Copyright Text: © 2021 by Working Partners Limited Series
Created by Working Partners Limited
Alle Rechte vorbehalten.
Für die deutschsprachige Ausgabe © 2022 Loewe Verlag GmbH,
Bühlstraße 4, D-95463 Bindlach
Umschlagillustration: Saeta Hernando
Innenillustrationen: Isabelle Göntgen
Umschlaggestaltung: Elke Kohlmann
Vignetten Bildermaus und Sticker: Angelika Stubner
Reihenlogo: nach einem Entwurf von Angelika Stubner
Printed in the EU

www.bildermaus.de

Inhalt

Eine sehr gute Idee

Sofie liebt 🐴 mehr als alles

andere auf der 🌍! Und sie liebt

ihre 🏇 auf Ponyhof Apfelblüte.

Am meisten mag sie ein 🐎, das

Denni heißt. Es ist braun und weiß

und seine 🐴 und sein 🐴

sind schön wuschelig.

Heute verteilt Sofies Frau

Marle  auf dem  .

Denni hebt die  hoch und trabt

über die  hinweg. „Das ist

toll!", ruft Sofie.

Als sie die  Hop und Skip

bemerkt, kichert sie. Die beiden

purzeln auf dem  herum, dass

der  aufsteigt und sie niesen

müssen. Das sieht so süß aus!

Nach ihrer  nimmt Sofie

Denni den  und das

ab. Neben ihr striegelt ihre

Paulina ihr  Biene. „Magst du

später zu mir nach  kommen

und spielen?", fragt Sofie.

„Heute geht's leider nicht", sagt

Paulina. „Ich bin auf eine

eingeladen." Sofie schaut Denni an.

„Ich frage mich, wann du

hast", überlegt sie.

„Ich weiß es nicht", meint Frau

Marle. Kein  für Denni?

Das macht Sofie traurig. Aber

dann lächelt sie. „Vielleicht ist

Dennis  ja morgen! Können

wir eine  für Denni feiern?"

Frau Marle lacht. „Natürlich.

Warum nicht?" Sofie ist ganz

aufgeregt. „Ich werde  an

alle  verteilen", sagt sie.

„Das wird die beste , die es

je gegeben hat!"

Karottenkuchen

Zu  schnappt sich Sofie

und faltet es. Dann malt sie vorne

ein  mit einem  drauf.

Innen schreibt sie hinein: „Komm

morgen zu Dennis ! Es

wird einen ganz besonderen

geben!"

Sofies Papa hilft ihr dabei, die

an die  zu verteilen. Eine für

Biene, eine für Samson und eine

für Coco. „Was für einen

willst du backen?", fragt ihr Papa.

„Alle  lieben ", sagt

Sofie. „Ich werde ihnen einen

backen!" Ihr Papa lächelt. „Köstlich!"

Später gehen Sofie und ihr Papa in

den  .

Sie kaufen alles ein, was sie für

Dennis  brauchen: , ,

,  und … „O nein! Ich habe

die  vergessen!", ruft Sofie,

als sie wieder daheim sind.

Schnell springt sie auf ihr

und fährt zu Herrn Olson. Der

alte  arbeitet gerade in seinem

großen  . Hier wachsen  ,

saftige  – und  !

„Dürfte ich bitte ein paar

haben?", fragt Sofie. „Sie sind für

einen ." Herr Olson gräbt

einen  voll  aus. „Hier,

bitte schön", sagt er. „Ich hoffe,

dein  wird schmecken."

In ihrer  backen Sofie und

ihr Papa gemeinsam. Schließlich

schiebt ihr Papa den  in

den  . Nach einer  klingelt

die  – der  ist fertig.

Wie das duftet! Stolz verziert

Sofie den . Jetzt sieht er

wirklich perfekt aus! Bestimmt

werden die  ihn lieben!

So ein Unglück!

Endlich ist der  der  da!

Sofie verstaut den  in

einer . Diese stellt sie in

einer leeren im  ab. Dann

holen ihre  Lotte, Paulina

und Juli die . Sie binden sie an

der  unter dem  an.

Rote und gelbe   hängen an

den  . Sofie hat für alle

einen  gebastelt. Damit sehen

sie so niedlich aus! Sofies

haben  für Denni dabei.

Lotte schenkt ihm eine neue  .

Paulina gibt ihm einen . Und

Juli hat ihm einen neuen blauen

mitgebracht. Glücklich wirft Denni

den   hin und her.

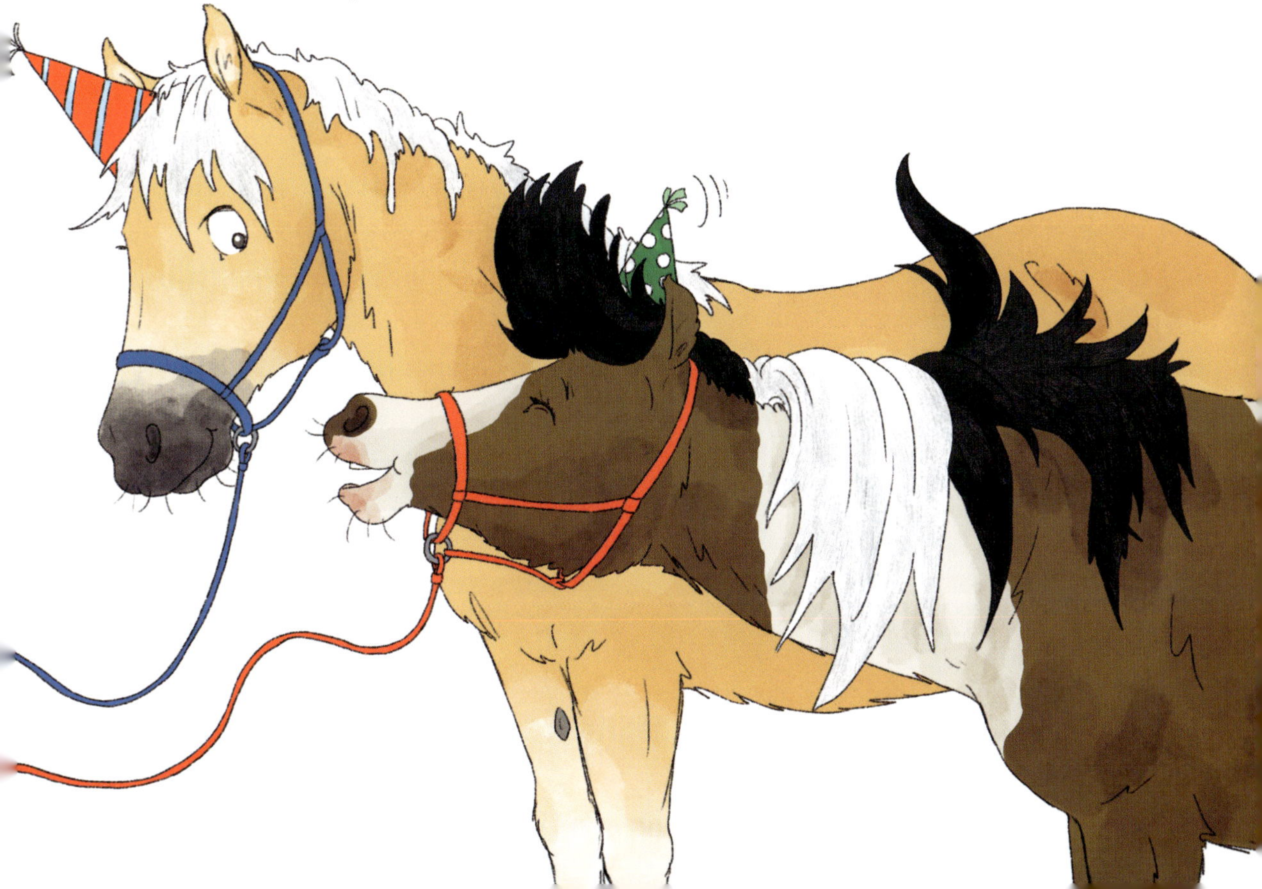

Jetzt ist Sofie dran. Sie geht in

den   , um den  zu holen.

Aber ... „Oje!", ruft Sofie. Die

liegt umgekippt in der  .

Und sie ist leer!

Nur ein paar  sind noch übrig.

„Was ist denn mit meinem

passiert?", fragt Sofie. Auf einmal

bewegt sich das  in der .

Und es raschelt.

Zwei kleine  strecken

ihre   heraus. Sie haben

an den  . „Hop und Skip!",

ruft Sofie. „Habt ihr Dennis

aufgefressen?"

28

Die  hüpfen aus dem

und wedeln mit den . Da

kommt Frau Marle in den .

„Hop und Skip haben Dennis

verputzt", erzählt Sofie ihr.

„Dabei habe ich den extra für ihn

gebacken", sagt Sofie. „Ich bin

sogar mit dem  zu Herrn

Olsons gefahren, weil ich

noch brauchte."

Sofie schluchzt und  steigen

ihr in die . Frau Marle drückt

Sofies . „Das tut mir leid", sagt

sie. „Es war sehr nett von dir, Denni

einen  zu backen."

Sie lächelt freundlich. „Aber, nun

ja,  dürfen gar keinen

essen. Sonst kann ihr

hinterher sehr wehtun." Sofie ist

überrascht. „Das wusste ich gar

nicht!", sagt sie und senkt den  .

„Jetzt habe ich kein 🎁 für Denni",

flüstert sie. „Vielleicht ja doch",

meint Frau Marle.

Ein Geburtstagskuchen

Frau Marle führt Sofie zu einem

großen . Er ist voller !

„Lass uns für Denni einen

nur aus  machen", schlägt

Frau Marle vor. Sofie grinst. Schnell

rennt sie zum  und schnappt

sich Dennis neuen .

Dann füllt sie den  mit  .

Sie stellt sie aufrecht hinein. Das

sieht fast wie ein runder  aus!

Als Sofie fertig ist, trägt sie den

vollen  zu Denni.

Zusammen mit ihren  singt

sie dem  ein  zum  .

„Hier ist dein  !", verkündet

Sofie danach glücklich.

Denni spitzt die . Er steckt

die  in den  und zieht

eine  heraus. *Mampf, mampf!*

Sofie gibt jedem  eine .

Dann zieht sie auch für ihre

und sich selbst  heraus. Sie

beißen hinein und kichern fröhlich

vor sich hin. „Das ist ein wirklich

ungewöhnlicher  !", sagt Sofie.

„Aber das macht gar nichts. Denn

Denni findet, dass es der leckerste

und allerbeste 🎂 ist, den er je

gefuttert hat." Alle lachen und

das 🐎 wiehert glücklich.

Die Wörter zu den Bildern:

 Ponys

 Hufe

 Welt

 Welpen

 Reitstunden

 Reitplatz

 Mähne

 Staub

 Schweif

 Sattel

 Reitlehrerin

 Zaumzeug

 Stangen

 Freundin

 Boden

 Haus

 Geburtstags-
feier

 Mehl

 Geburtstag

 Zucker

 Einladungen

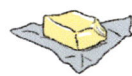 Butter

 Papier

 Eier

 Partyhut

 Fahrrad

 Geburtstags-
kuchen

 Mann

 Karotten

 Garten

 Karotten-
kuchen

 Kartoffeln

 Supermarkt

 Tomaten

 Eimer

 Stall

 Küche

 Anbindestange

 Ofen

 Apfelbaum

 Stunde

 Luftballons

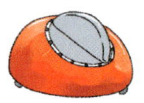 Küchenuhr

 Äste

 Kuchen

 Geschenke

 Tag

 Bürste

 Pappschachtel

 Apfel

 Box

 Kopf

 Krümel

 Hand

 Stroh

 Bauch

 Nasen

 Sack

 Schwänze

 Lied

 Tränen

 Ohren

 Augen

Pippa Young lebt auf dem Land in England. Wenn es nicht gerade regnet, findet man sie fast immer beim Reiten – und manchmal sogar, wenn es regnet! Sie liebt es, über all ihre Lieblingsponys vom Ponyhof Apfelblüte zu schreiben.

Isabelle Göntgen, Jahrgang 1977, ist Schwarzwälderin mit koreanischen Wurzeln. Nach ihrem Design-Studium für Visuelle Kommunikation an der Fakultät für Gestaltung in Pforzheim arbeitete sie für ein paar Jahre in der großen Werbewelt. 2006 beschloss sie, ihr Hobby zum Beruf zu machen und ist seither als Illustratorin, vor allem im Bereich Kinder- und Wimmelbuch, kreativ. Ihr Lebensmittelpunkt liegt nun wieder am Rande des Schwarzwalds, in der Ortenau.

Noch mehr Lesespaß!

ISBN 978-3-7432-1177-3

ISBN 978-3-7432-1178-0

ISBN 978-3-7432-1198-8

ISBN 978-3-7432-0726-4

Loewe
Das will ich lesen!